VENTE
Du Jeudi 17 Juin 1909
HOTEL DROUOT, SALLE N° 1

EXPOSITION PUBLIQUE
Le Mercredi 16 Juin 1909

Belles Tapisseries

DE BRUXELLES ET D'AUBUSSON

MEUBLES DU XVIII SIÈCLE

OBJETS D'ART, TABLEAUX

EXEMPLAIRE DE H. STE...

Me F. LAIR-DUBREUIL
COMMISSAIRE-PRISEUR

M ARTHUR BLOCHE
EXPERT PRÈS LA COUR D'APPEL

CONDITIONS DE LA VENTE

Elle sera faite au comptant.

Les adjudicataires paieront *dix pour cent* en sus des en-
chères.

L'exposition mettant le public à même de se rendre compte
de l'état et de la nature des objets, aucune réclamation
ne sera admise une fois l'adjudication prononcée.

Paris. — Imp. de l'Art, Ch. Berger, 41, rue de la Victoire.

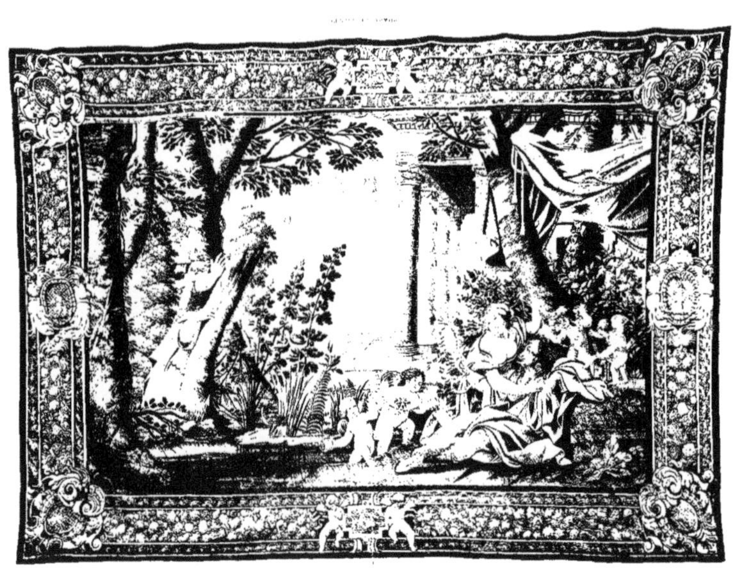

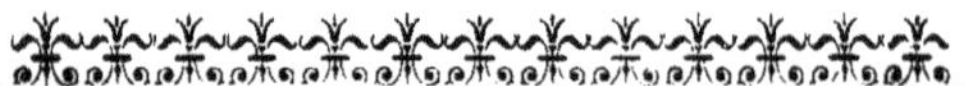

DÉSIGNATION

TAPISSERIES

1 — Grande et belle tapisserie de Bruxelles, représentant *Renaud étendu aux pieds d'Armide*. Il est sous le charme de sa beauté qui se reflète dans un miroir qu'il tient à la main.

C'est au milieu des amours qui prennent leurs ébats dans les jardins délicieux de la séduisante héroïne, avec la perspective de son palais aux colonnes de marbre, que se passe cette scène observée discrètement par deux guerriers qui s'avancent à travers les arbres.

Remarquable bordure large, offrant des enguirlandements de fleurs, en haut et en bas des médaillons portés par des amours, aux angles des écussons à cartouches fleuronnés, au milieu des montants se dessinent des médaillons accostés de cariatides de femmes ailées. Époque Louis XIV.

Belle facture et en bel état de conservation.

Haut., 3 m. 35 cent.; larg., 4 m. 80 cent.

2 — BELLE TAPISSERIE DE BRUXELLES, représentant l'*Afrique.*

Sous les traits d'une déesse en magnifique costume, sur un dromadaire couché et richement caparaçonné, devant une reine assise sur son trône, tenant son sceptre à la main, abritée sous de grands arbres. Près d'elle et d'un obélisque qui s'élève à ses côtés se tient debout une esclave.

Cette composition très remarquable par son dessin et l'harmonie de ses couleurs est présentée dans un parc à la végétation luxuriante. A l'horizon, un temple d'architecture grecque et un paysage accidenté éclairé par un soleil doré qui en fait ressortir toute la finesse et le charme.

Avec bordure simulant un encadrement enguirlandé de palmes et de fleurs, des motifs à grands feuillages ornementés aux angles. Époque Régence.

Bel état de conservation.

Haut., 2 m. 35 cent.; larg., 2 m. 45 cent.

TAPISSERIE DE BRUXELLES
L'AFRIQUE

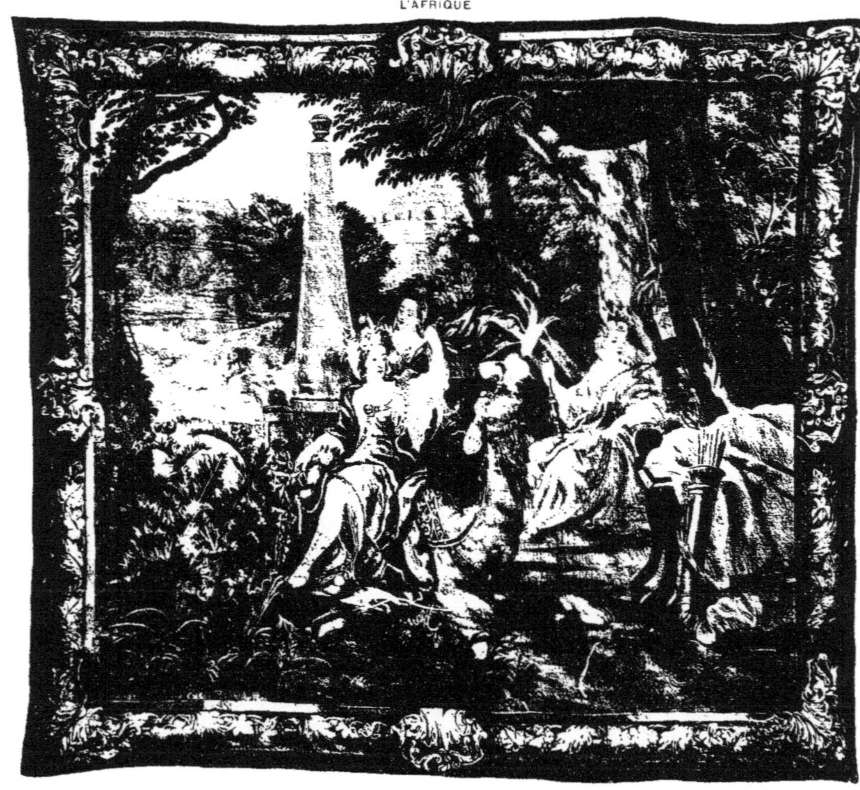

N 2

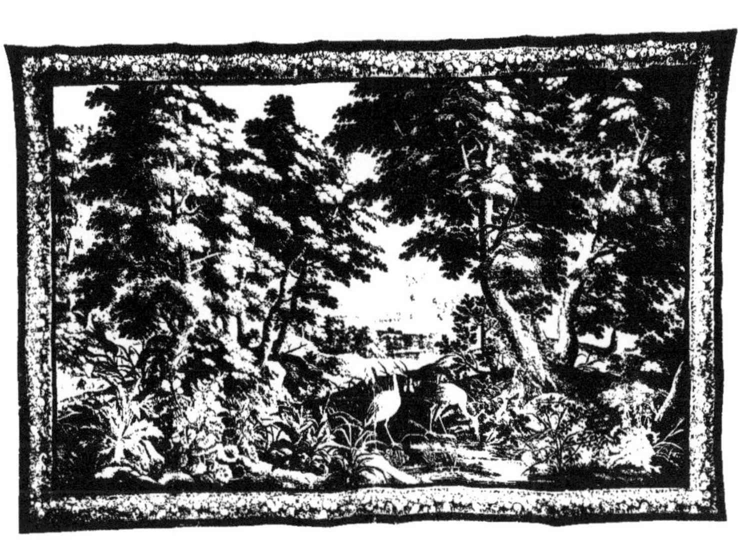

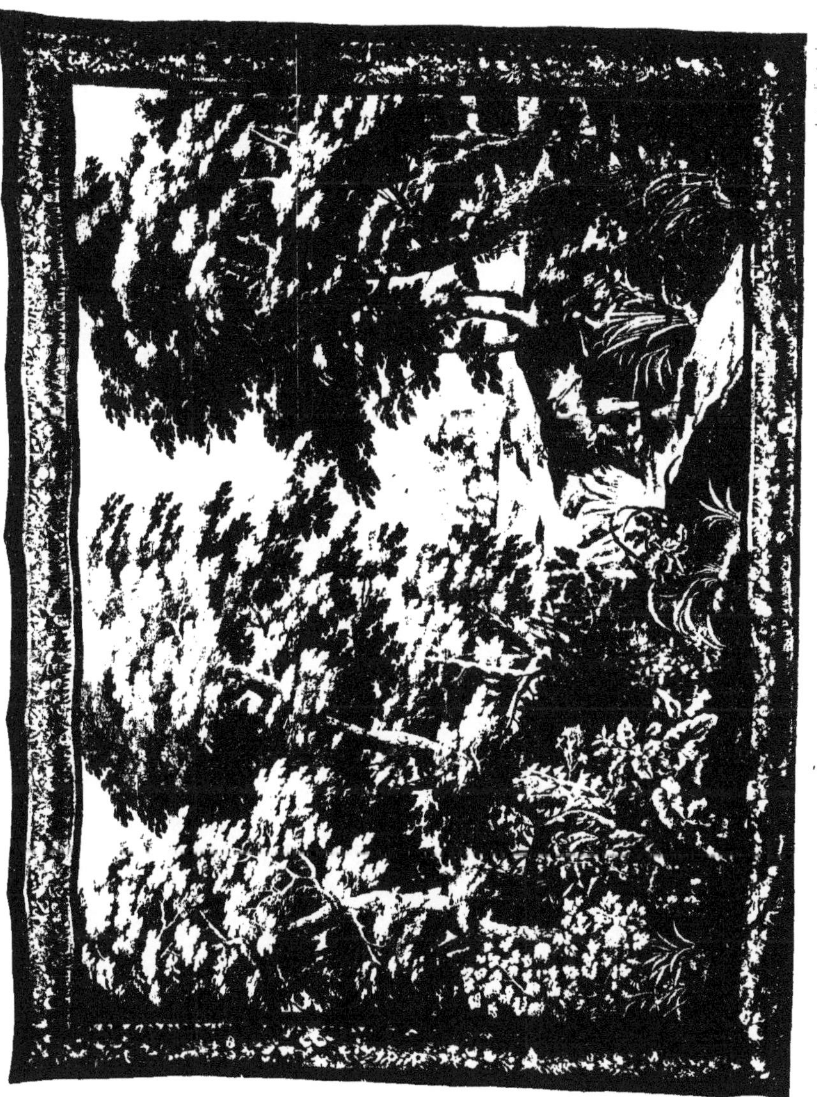

PAYSAGE

N° 4

3-4 — Deux magnifiques tapisseries de la Manufacture royale d'Aubusson.

Elles représentent des paysages dont la végétation est des plus variée, les vallons et les
cours d'eau, animés de hérons et de cigognes,
avec horizon montagneux aux teintes blondes
et délicates, en font des tableaux des plus sé-
duisants. Les bordures à guirlandes de fleurs
complètent, par leur coloris, l'harmonie de ces
tapisseries. Époque XVIIIe siècle.

Très bel état de conservation.

La première mesure :

Haut., 3 m. 50 cent.; larg., 5 m. 25 cent.

La seconde mesure :

Haut., 3 m. 50 cent.; larg., 4 m. 80 cent.

(Pourront être vendues séparément.)

5 — Jolie tapisserie de Bruxelles, représentant
six enfants en élégants costumes, aux cheve-
lures bouclées, se livrant avec un fol entrain au
plaisir de la danse, dans un paysage des plus
souriant, à perspective très claire.

La bordure représente des guirlandes de fruits
et de fleurs enrubannées. Époque Louis XIV.

En très bel état de conservation.

Haut., 2 m. 45 cent.; larg., 3 m. 60 cent.

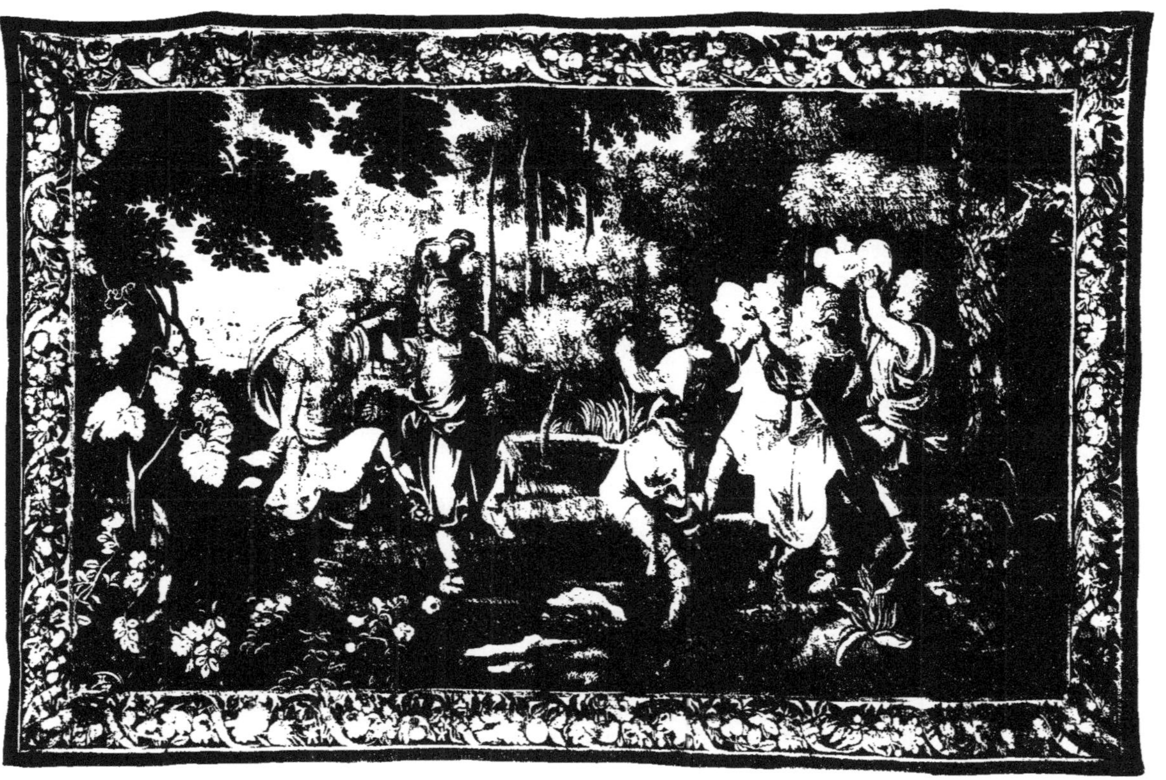

TAPISSERIE DE BRUXELLES
DANSE D'ENFANTS

N° 5

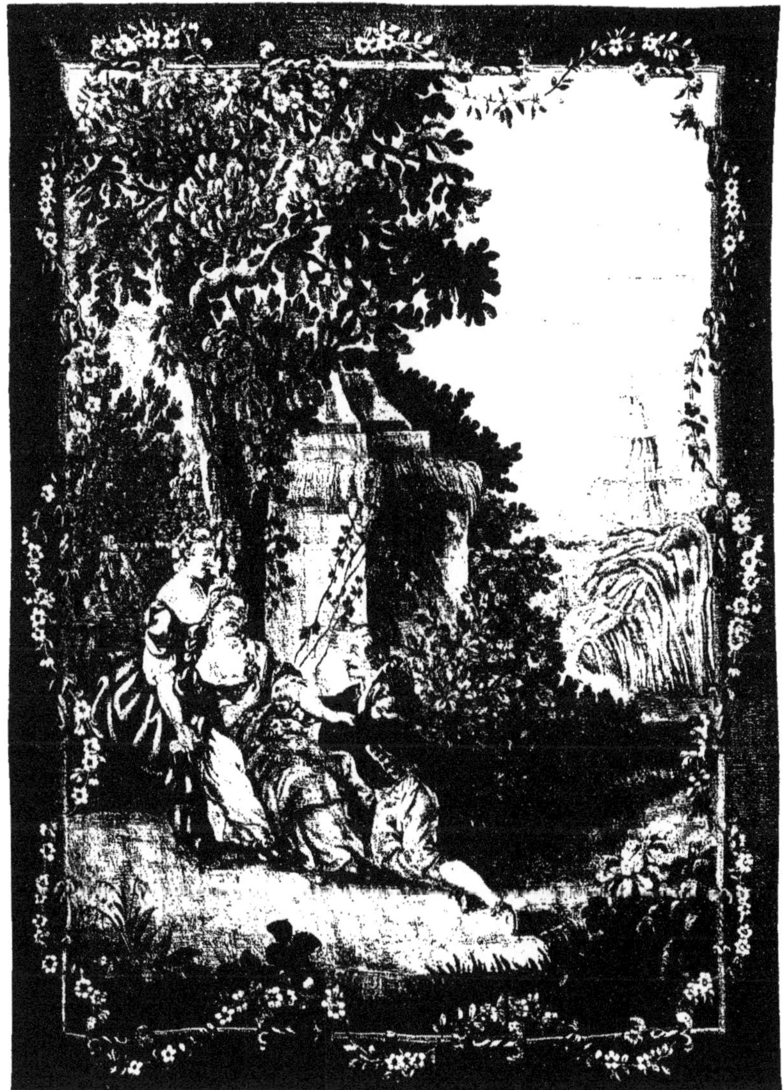

N 6

6 à 8 — SUITE DE TROIS BELLES TAPISSERIES DE LA MANUFACTURE ROYALE D'AUBUSSON, représentant des compositions, d'après *François Boucher*. Époque XVIIIe siècle.

1° *La Déclaration.*

Une jeune femme ayant près d'elle sa confidente, en élégants atours, est assise au pied d'un arbre. Elle reçoit, non sans plaisir, les aveux et les fleurs de son galant amoureux presque à genoux devant elle. Dans un paysage fleuri à horizon très clair.

Encadrée de guirlandes de fleurs se déroulant partie sur le champ, partie sur le fond de la bordure.

Haut., 2 mètres; larg., 1 m. 50 cent.

2° *Le Berger galant.*

Il ne craint pas de lutiner avec une paille et de troubler dans son sommeil la jolie bergère assise et endormie contre une balustrade rustique, sur laquelle notre galant s'appuie.

La scène se passe dans un paysage des plus clair, verdoyant et fleuri. A gauche, s'élève un petit temple à quatre colonnes. Encadrement analogue à la précédente.

Haut., 2 mètres; larg., 1 m. 70 cent.

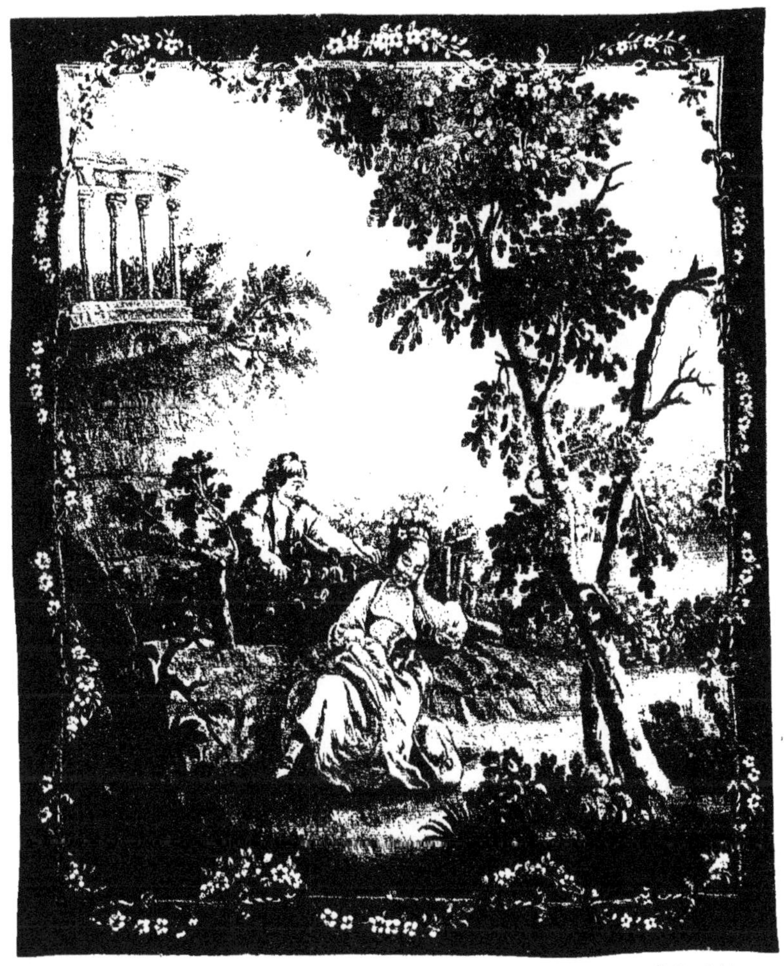

N 7

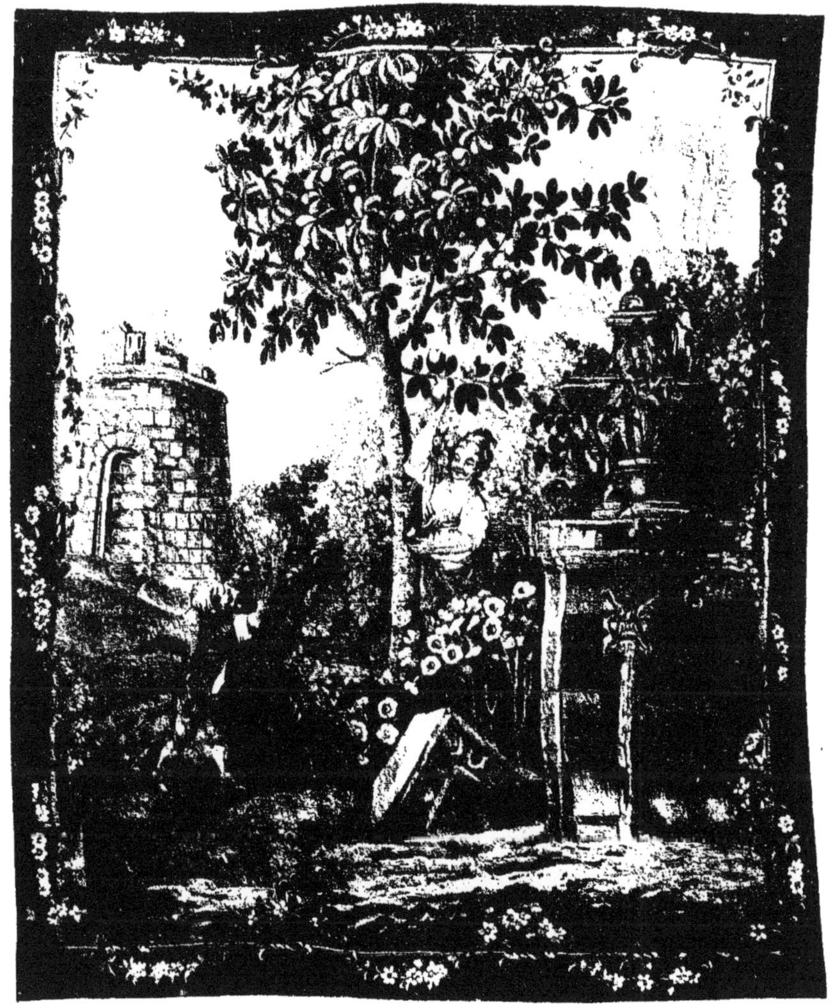

N 8

3° *La Cueillette des pommes.*

D'un pommier chargé de fruits, près d'une fontaine surmontée d'un vase décoratif et dont l'eau jaillissant alimente un ruisseau coulant au premier plan, une jolie paysanne cueille les fruits et semble toute heureuse de la joie du jeune enfant auquel elle les jette. Au fond, s'élève dans un horizon très clair une tour et des maisons. Encadrement analogue à la précédente.

Haut., 2 mètres ; larg., 1 m. 70 cent.

Elles sont toutes trois en bel état de conservation ; la bordure de la première seule a subi des réfections.

9 — **Petit panneau** en ancienne tapisserie à figure d'homme casqué.

ÉTOFFES, TENTURES

400

10 — Deux grands panneaux en velours rouge, ornés d'applications, en ancienne broderie de soie.

620

11 — Grand store, ou dessus de lit, en ancien filet et toile brodée.

SIÈGES

SALONS EN TAPISSERIE

5 300

12 — Cinq beaux fauteuils en bois sculpté, forme à contours avec coquilles et fleurs, couverts en ancienne tapisserie d'Aubusson, dessin à grands bouquets de fleurs avec nœuds de rubans, sur fond blanc encadrés de coquilles et de rinceaux fleuris, contre-fond rouge. Époque Louis XV.

135

13 — Deux fauteuils en bois laqué gris et sculpté, à rubans enroulés, rais de cœur et perlés, pieds cannelés, style Louis XVI, couverts en ancienne tapisserie d'Aubusson, représentant sur les dossiers *une Jeune fermière donnant à manger à une poule*, et sur les sièges des allégories aux Fables de La Fontaine, fond blanc.

1050

14 — Deux fauteuils en bois de noyer sculpté, à rainures et cannelures, couverts en tapisserie d'Aubusson, offrant aux dossiers : *la Petite*

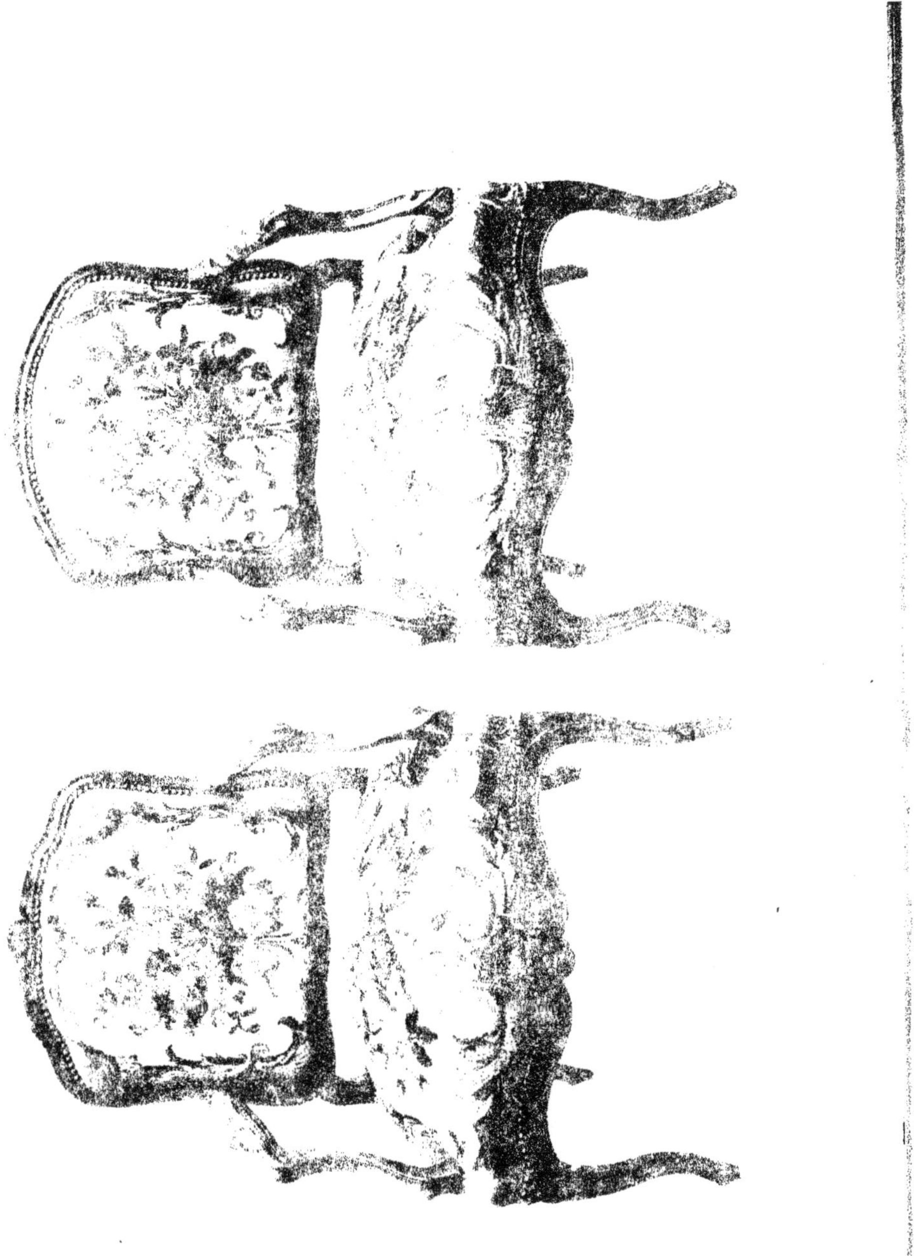

ŒUVRES COMPLÈTES

FAUTEUILS EN TAPISSERIE D'AUBUSSON

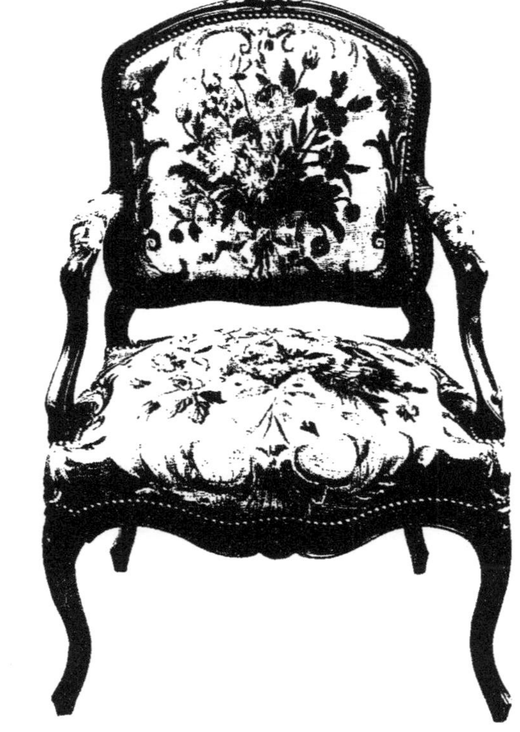

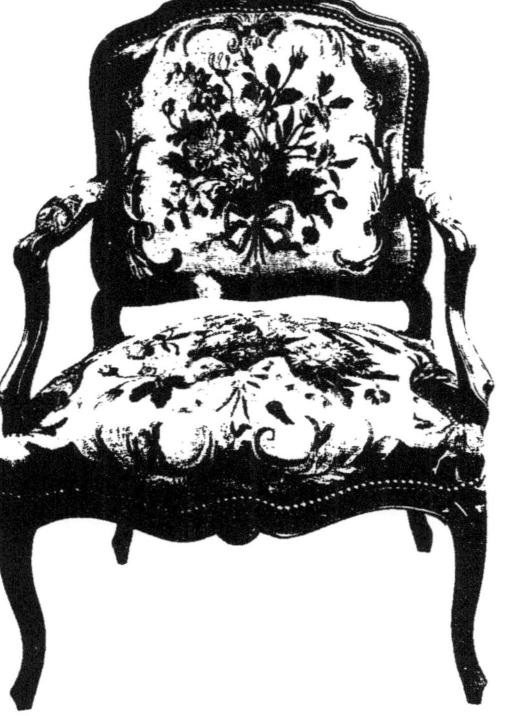

N 12

Phototypie Berthaud

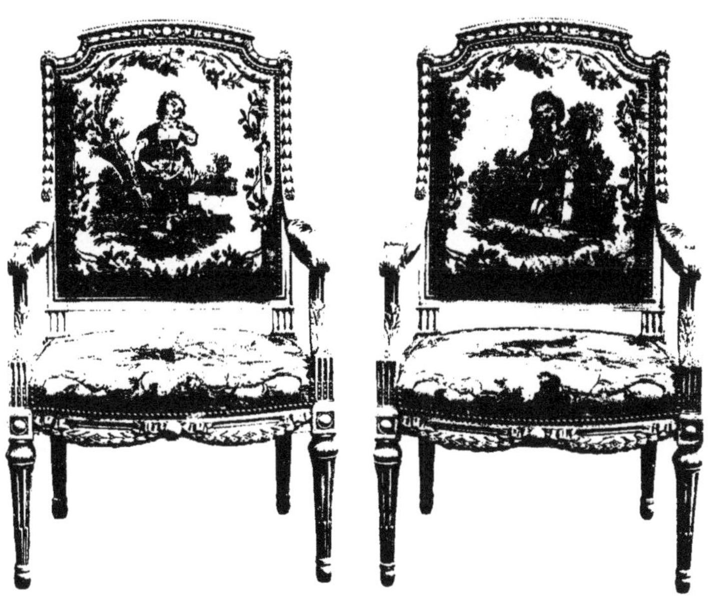

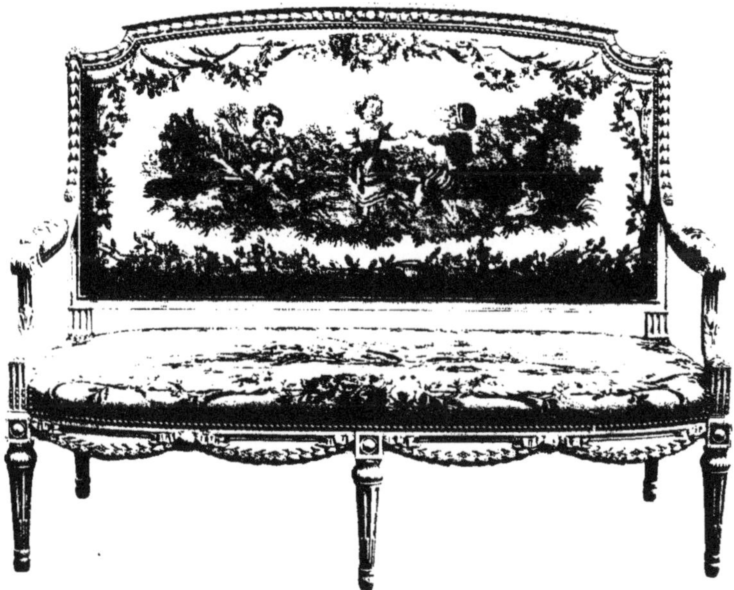

jardinière et *le Sonneur de cor de chasse*, accompagné de son chien; sur les sièges, des animaux dans des paysages, fond blanc à draperies roses enguirlandées de fleurs, contre-fond vert pâle. Époque Louis XVI.

15 — AMEUBLEMENT DE SALON, composé d'un canapé et quatre fauteuils en bois sculpté et laqué gris, à feuillages et ornements enrubannés, couverts en tapisserie d'Aubusson, offrant aux dossiers des pastorales à jeux d'enfants dans des paysages ; sur les sièges, des trophées d'attributs champêtres, sur fond blanc, encadrés de fleurs et d'ornements. Style Louis XVI.

16 — GRANDE BANQUETTE en bois sculpté et doré, garnie en ancienne tapisserie d'Aubusson à décor de fleurs.

17 — NEUF COUSSINS, garnis en ancienne tapisserie des XV⁰ et XVI⁰ siècles. (Sera divisé.)

18 — MEUBLE DE SALON, composé d'un canapé et quatre fauteuils en bois sculpté et doré, dessin à contours, rocailles et fleurs, couverts en tapisserie d'Aubusson, offrant aux dossiers des scènes champêtres à petits personnages ; sur les sièges, des animaux dans des paysages, encadrés de coquilles, de fleurs et d'enroulements. Style Louis XV.

19 — GRANDE CHAISE LONGUE à deux oreillons en bois de noyer sculpté, dessin à contours, fleurs et feuillages, époque Louis XV, couverte en étoffe de fantaisie à fleurs.

20 — Grand canapé à joues en noyer sculpté,
dessin à contours, fleurs et coquilles, couvert
en étoffe de fantaisie à fleurs. Époque Louis XV.

21 — Huit fauteuils en bois sculpté à contours,
fleurs et coquilles, foncés de canne. Époque
Louis XV.

22 — Deux fauteuils en noyer sculpté, dessin à
contours, coquilles et fleurs, couverts en tapisserie au point. Époque Louis XV.

MEUBLES

23 — Beau bureau a cylindre, à double faces, en
bois de rose, palissandre et marqueterie, richement orné de médaillons, d'encadrements, de
chutes et de poignées en bronze ciselé et doré,
offrant tout autour des trophées d'attributs
allégoriques, en marqueterie de bois de couleur;
dessus en marbre brèche d'Alep, avec balustrade en bronze doré et ajouré, tablettes de
rallonge sur les côtés. Style xviii siècle.

24 — Commode a trois rangs de tiroirs en bois de
rose et marqueterie, garnie de bronzes ciselés
et dorés, chutes et poignées à rocailles; dessus
en marbre rose veiné. Époque Louis XV.

25 — Commode en bois de rose et palissandre, à
trois rangées de tiroirs, le milieu en ressaut,
garnie de bronzes ciselés et dorés; dessus en
marbre brèche. Époque Louis XVI.

26 — SECRÉTAIRE A ABATTANT, fermant dans le bas à deux portes, intérieur à plusieurs tiroirs, en bois d'acajou, côtés à colonnes cannelées, orné de moulures de cuivre; dessus en marbre. Époque Louis XVI.

27 — SECRÉTAIRE A ABATTANT, formant chiffonnier, à trois tiroirs dans le bas, en bois de rose et palissandre; dessus en marbre. Époque Louis XVI.

28 — AMEUBLEMENT DE SALLE A MANGER en bois sculpté, style Louis XVI, composé d'un grand buffet ouvrant à deux portes dans le haut, offrant des attributs de musique, fronton orné de groupe de colombes, à hauteur d'appui forme crédence, le bas à deux portes décorées de fleurs, côtés à colonnes cannelées, une table ovale à quatre allonges, piétement à colonnes cannelées et fleuries, entrejambe avec colombes et ornements, douze chaises à médaillons foncées de canne.

29 — BUREAU ouvrant à dos d'âne, avec tiroirs sur le devant et à l'intérieur, en bois clair décoré de marqueterie à gerbes de fleurs et de feuillages en bois de violette, garni de poignées, de sabots et d'entrées de serrures en bronze doré. Epoque Louis XV.

30 — SECRÉTAIRE ouvrant à abattant et à deux portes, en bois d'acajou satiné, marqueterie de citronnier et ébène, garni de tiroirs et de casiers à l'intérieur. Époque Louis XVI.

31 - PETITE TABLE en bois sculpté doré ; dessus
en marbre. Style Louis XVI.

32 — COMMODE en noyer, richement incrusté d'ivoire,
de bois satiné et de bois de rose, dessin à motifs Louis XIV ; sur le dessus, un arlequin dan-
sant sur un piédestal sous un dais. Le devant
est de forme contournée et à trois tiroirs. En
bas, une bordure de faux godrons sur quatre
pieds sculptés.

(Collection Nesselrode.)

33 — TABLE-BUREAU entièrement plaquée d'écaille
incrusté de cuivre dans le goût de BOULLE, décor
à feuillages et motifs variés. Le devant, dont le
milieu est creux, s'ouvre à six tiroirs. Pose sur
huit pieds réunis par deux croisillons. Louis XIV.

(Collection Nesselrode.)

34 — TABLE-BUREAU en ébène, en partie plaquée
d'écaille et entièrement incrustée de cuivre, d'un
décor Louis XIV, dans le goût de BOULLE, sur
huit pieds réunis par deux croisillons. Le devant, dont le milieu est creux, s'ouvre à sept
tiroirs.

(Collection Nesselrode.)

35 — CHAMBRANLE DE CHEMINÉE en marbre brun veiné
de gris, décor de cannelures et de feuillages en
marbre blanc. Louis XVI.

Haut., 1 m. 10 cent. ; larg., 1 m. 55 cent.

(Collection Nesselrode.)

OBJETS D'ART

36 — Importante garniture de cinq pièces : trois
vases avec couvercles et deux cornets en ancienne
porcelaine de Chine, fond orange, décor à médaillons, personnages, marines et fleurs, en émaux
de couleurs, encadrements à feuillages, frises à
fleurs, couronnés de chimères rehaussé d'or.

37 — Garniture de trois pièces, composée d'une
potiche-lancelle couverte et de deux cornets de
forme droite et évasée vers les orifices, en porcelaine de Chine, décor doré d'arbustes fleuris
et de fong-hoangs sur fond bleu royal.

(Collection Nesselrode.)

38 — Paire de très grands vases en porcelaine de
Chine, décorés en émaux polychromes d'un
grand buisson fleuri, à deux anses-dragons.
Vers la base, une bordure polychrome de faux
godrons. Intérieur vert de mer.

(Collection Nesselrode.)

39 — Potiche en ancienne porcelaine du Japon,
décor médaillons et lambrequins en polychrome.

40 — Figurine en ancien grès brun du Japon :
Çakiamuni assis.

41 — GRANDE COUPE en porcelaine de Chine, fond
gros bleu à fleurs relevé d'or.

42 — CASSOLETTE en porcelaine gros bleu. Monture
forme trépied en bronze. Louis XVI.

43 — GROUPE EN MARBRE DE TROIS FIGURES : *L'Inno-
cence tourmentée par les amours*. Œuvre de
L. Madrassi. Signée.

44 — JOLIE PENDULE en bronze patiné et doré représentant des figures allégoriques : Nymphe et
amour, de chaque côté d'un monument sur-
monté d'un buste de Minerve ; socle en marbre
vert avec banderole à inscription : « L'Amour
réduit à la raison. » Cadran signé : *Barrand, à
Paris*. Époque Premier Empire.

45 — TÊTE DE FEMME (portrait présumé de Lætitia,
mère de Napoléon). La tête couverte d'un voile.
Sculpture en marbre blanc.

(*Collection Nesselrode.*)

46 — VASE en porphyre, style Louis XVI. Monture
en bronze doré à deux anses formées de deux
têtes de faunes, bordures perlées, avec pomme
de pin sur le couvercle.

(*Collection Nesselrode.*)

47 — PAIRE DE VASES en marbre rouge de Sibérie.
Monture en bronze doré, à deux anses formées
de têtes de béliers et de feuillages décorant le
culot et le couvercle. Louis XVI.

(*Collection Nesselrode.*)

18 — PENDULE en marbre blanc et bronze finement
ciselé et doré, représentant un monument sur-
monté d'une colonne cannelée, couronnée par
un brûle-parfums à anses têtes de satyres d'où
se détachent des guirlandes de fleurs que deux
nymphes, debout de chaque côté du monument,
retiennent. Le socle et le contre-socle sont
ornés de frises ciselées et ajourées. Cadran
signé : *Martinot*.

49 — DEUX SPHINX en bronze. Époque Louis XIV.

50 — PENDULE en bronze patiné, formée par un
groupe de deux enfants debout, supportant le
mouvement, de CARRIER-BELLEUSE. Signée.

51 — VASE, bronze ancien de Chine, forme rouleau,
gravé, décor à ornements, avec anses à an-
neaux mobiles.

52 — STATUETTE ÉQUESTRE : Divinité sur chimère,
bronze ancien de Chine.

53 — DIVINITÉ ÉGYPTIENNE, bronze vert, socle marbre rouge.

51 — PAIRE DE VASES en émail cloisonné, fond gros
bleu, à fleurs.

55 — TÊTE-A-TÊTE en porcelaine de Saxe, décor
oiseaux et insectes, composé d'un grand plateau, une verseuse, un sucrier, un pot à crème
et deux tasses avec soucoupes.

56 — GRANDE PENDULE en bronze doré, modèle à rocailles, couronnée par une figurine de nymphe assise et avec amour jouant devant le cadran. Signée : *Charles du Tertre*. Style Louis XV.

57 — SEAU en ancienne pâte tendre de Saint-Cloud, décor à fleurs, godrons et mascarons.

58 — GROUPE de six figures d'enfants assis et debout sur un rocher, en ancien biscuit de Lorraine sur socle, en bois doré et sous vitrine.

59 — GROUPE en porcelaine de Saxe : Bacchus.

60 — BONBONNIÈRE en aventurine, monture en or à cage. Époque Louis XVI.

61 — BONBONNIÈRE en écaille, le dessus orné d'une miniature : Chien sur un coussin. Cercle en or. Fin du XVIIIe siècle.

MINIATURES

62 — Miniature sur ivoire, représentant Charles-
M Félix-Joseph, roi de Sardaigne, 1765-1831 ; vu
de face, en costume militaire.

(Collection Nesselrode.)   *50*

63 — Miniature sur ivoire, représentant Victor-
M Emmanuel, roi de Sardaigne ; de face, la tête
légèrement tournée vers la droite.

(Collection Nesselrode.)   *70*

64 — Miniature sur ivoire, représentant l'empereur
M François-Joseph d'Autriche enfant. Il est en uni-
forme blanc, de face, la tête tournée vers la
droite. Signée : *Schrager nach Einsle.*

(Collection Nesselrode.)   *82*

65 — Miniature sur ivoire, représentant le pape
M Léon XII, 1760-1829. En habit pontifical, de
face, regardant vers la gauche.

(Collection Nesselrode.)   *60*

ARGENTERIE

66 — SERVICE A THÉ ET A CAFÉ en argent guilloché avec chiffre et couronne comtale : cafetière, théière, sucrier et pot à crème. De la *Maison Boudet*.

67 — CAFETIÈRE en argent ciselé, côtelé, décor à guirlandes. Style Louis XVI. De la *Maison Boudet*.

68 — HANAP en vermeil ciselé, anse à oiseau, décor ornements et fleurs. De la *Maison Boudet*.

69 — BROC en cristal orange craquelé et gravé ; monture vermeil.

70 — BEURRIER avec plateau en cristal, monture vermeil ciselé. Style Louis XVI. De la *Maison Boudet*.

71 — SALADIER en cristal, gravé et ciselé, garniture argent. Travail de BOUDET.

72 — PETIT PANIER en argent. De la *Maison Boudet*.

73 — DEUX MANCHES à gigot en argent.

74 — MIROIR à chevalet biseauté. Cadre en vermeil avec écusson de BOUDET.

140

75 — Pot a eau et cuvette en cristal gravé; monture argent doré, de Boudet.

110

76 — Grand miroir à chevalet; monture en bronze argenté, à gerbes de fleurs enrubannées, de Boudet.

120

77 — Paire de girandoles, à six branches, en bronze finement ciselé et argenté, décor à rocailles. palmes et feuillages, style Louis XV, de Boudet.

145

78 — Deux bouts de table, à trois lumières, en bronze argenté, modèle Louis XV, de Boudet.

TABLEAUX

BOURGUIGNON

79 — *Combat de cavaliers.*

> Toile. Haut., 65 cent.; larg., 90 cent.

CARENO DE MIRANDA (Attribué à)

80 — *Un Maréchal à cheval.*

> Représenté sur son cheval de guerre, en armure,
> dominant des armées aux prises; à droite, ses armoiries.

> Toile. Haut., 2 m. 80 cent.; larg., 1 m. 90 cent.

DESPORTES (École de)

81 — *Fleurs et nature morte.*

> Dans des paysages, avec balustrade, ornés de vases
> décoratifs.
> Cadre en bois sculpté et doré.
> Deux pendants.

> Toile. Haut., 20 cent.; larg., 27 cent.

GREUZE (Attribué à)

82 — *Portrait d'Enfant.*

> Regardant de face, les cheveux blonds tombant sur
> le front.

> Haut.. 40 cent.; larg., 30 cent.

GRIMOUX

83 — *Portrait de Jeune Homme.*

La tête tournée vers la gauche, légèrement inclinée, en costume sombre bordé de fourrure, portant un collier d'ordre en pierrerie, coiffé d'une toque grenat.

Toile. Haut., 56 cent.; larg., 46 cent.

GRIMOUX

84 — *Portrait de Jeune Homme.*

Regardant presque de face, coiffé d'un chapeau noir à plumes blanches, en pourpoint brun avec manches à crevé rouge et blanc.

Cadre en bois sculpté.

Toile. Haut , 60 cent.; larg., 49 cent.

GUARDI

85 — *La Place Saint-Marc.*

Animée de nombreux personnages.
Joli tableau.

Toile. Haut., 40 cent.; larg., 58 cent.

HEINSIUS

86 — *Portrait présumé de Mme Roland.*

Légèrement tournée vers la droite, le regard franc et fier, avec un fin sourire sur les lèvres, coiffure légèrement poudrée tombant en boucles sur les épaules, robe à corsage décolleté en satin jaune amplement drapée.

Toile. Haut., 65 cent.; larg., 55 cent.

KLOMP

87 — *Le Départ pour la chasse.*

Au pied d'un grand escalier, le valet finit de seller le cheval que va monter un gentilhomme qui joue avec son chien, en attendant. Des lévriers et autres bêtes sont autour de la monture, des personnages sont dispersés dans les allées du parc et sur l'escalier.

Bois. Haut., 42 cent.; larg., 36 cent.

KNELLER

88 — *Portrait de Femme.*

Vue de face, en robe de velours rouge, avec manteau de satin vert, gorge décolletée, longue chevelure noire tombante, bouclés sur les épaules.

Cadre en bois sculpté et doré.

Haut., 78 cent.; larg., 65 cent.

Mlle LEDOUX (Attribué à)

89 — *Portrait de une Fille.*

Regardant de face, la tête légèrement inclinée et les mains croisées.

Cadre ancien en bois doré.

Haut., 46 cent.; larg., 35 cent.

LOTTIER

90 — *Paysage avec figures.*

91 — *Route au bord de la mer.*

Deux pendants.
Signés à gauche.

Haut., 38 cent.; larg., 45 cent.

MONTICELLI

92 — *La Tentation de Saint-Antoine.*

Six femmes nues groupées dans une salle à tentures amplement drapées, avec des brûle-parfums, des plateaux chargés de victuailles, attirent le saint, suivi de son compagnon traditionnel.

Signé à gauche.

Haut., 50 cent.; larg., 70 cent.

MONTICELLI

93 — *La Sortie du bal masqué.*

Une foule de costumés se heurtent, crient, chantent. Grande animation.

Toile. Haut. 40 cent.; larg., 80 cent.

NATTIER (Attribué à)

94 — *Portrait de Jeune Dame de la Cour.*

A mi-corps, regardant de face, le visage agréablement fardé, en robe de brocart blanc, corsage décolleté, avec manteau rose sur les épaules.

Bonne facture.

Cadre en bois sculpté.

Toile. Haut., 81 cent.; larg., 68 cent.

OPIÉ (Attribué à JEAN)

95 — *Portrait de Femme.*

En robe blanche, les mains croisées, visage fardé, cheveux blonds et bouclés, représentée de face, assise dans un paysage.

Toile. Haut., 77 cent.; larg., 53 cent.

PARIS

96 — *Le Repos aux champs.*

> Haut., 21 cent.; larg., 27 cent.

PYNACKER

97 — *Paysage.*

> Des paysans et paysannes assis au bord d'une route, près d'une tour en ruines.
> Effet de soleil couchant.
> Cadre en bois sculpté et doré.

> Bois. Haut., 36 cent.; larg., 27 cent.

RAVESTEIN

98 — *Portrait de Dame de qualité.*

> A mi-corps, en robe de satin noir, avec corsage et manches blanches à crevés rouges, grande collerette dentelée, parée de perles.
> Cadre en bois noir.

> Bois. Haut., 71 cent.; larg., 58 cent.

RUBENS (École de)

99 — *Les Horreurs de la guerre.*

> Composition de nombreuses figures, qui fut popularisée par la gravure.

> Toile. Haut., 57 cent.; larg., 68 cent.

TIÉPOLO (Attribué au)

100 — *Vénus et l'Amour.*

> Belle facture.
> Teinte blonde et rose.
> Cadre en bois sculpté.

> Toile. Haut., 92 cent.; larg., 75 cent.

LE TINTORET (Attribué à)

101 — Portrait d'un Gentilhomme.

En costume de guerre, dans la galerie d'un palais vénitien, il a grande allure. Debout, en pied, tenant de la main droite son bâton de commandement. A gauche, son casque empanaché posé sur une table recouverte d'un tapis rouge.

Toile. Haut., 2 m. 35 cent.; larg., 1 m. 65 cent.

TOCQUÉ (Attribué à)

102 — Portrait d'une Dame de France.

A mi-corps, vue de face, le visage souriant et fardé, en robe de brocart d'or broché, parée de joyaux, manteau de velours bleu fleurdelisé et doublé d'hermine sur les épaules.

Cadre en bois sculpté.

Toile. Haut., 81 cent.; larg., 65 cent.

TOURNIÈRES (Attribué à)

103 — Portrait de Grande Dame.

En costume de cour, manteau de velours rose drapé de velours gris-bleuté, corsage décolleté garni de dentelle, regardant de face, coiffure à la poudre avec perle et aigrette.

Cadre en bois sculpté.

Toile. Haut., 83 cent.; larg., 65 cent.

VAN ARTOIS ET TENIERS (David)

104 — *Paysage ; effet d'hiver.*

Une ville avec ses monuments s'élève à gauche et, en perspective, une route assez large sillonnée de nombreux personnages qui causent et qui patinent. Horizon à ciel clair découvrant tout un pays montagneux.

Signé à droite : *J.-V. Artois.*

Toile. Haut., 56 cent.; larg., 81 cent.

NEER (Attribué à Van der)

105 — *Paysage ; vue de Hollande.*

Quelques personnages le long des rives bordant le canal.

Signé à gauche du monogramme F. N.

Cadre en bois sculpté.

Bois. Haut., 30 cent.; larg., 39 cent.

VAN HUGTENBURGH

106 — *Mêlée de cavaliers.*

Au plus fort d'un combat entre les Turcs et les armées du roi. Composition d'une multitude de figures. Belle facture.

Signé.

Toile. Haut., 57 cent.; larg., 70 cent.

WATTEAU (Genre de)

107 — *Les Divertissements champêtres.*

Dans le parc d'un château, des jeunes femmes et des jeunes seigneurs se livrent au plaisir de la danse et de la galanterie.

Toile. Haut., 50 cent.; larg., 45 cent.

ÉCOLE ANCIENNE

108 — *Le Martyre de Sainte Ursule.*

> Composition de dix-neuf figures.
> Cadre ancien en bois doré.
> Peinture sur cuivre, forme octogonale, 40 cent.

ECOLE FRANÇAISE

109 — *Portrait d'un Jeune Seigneur du XVIIIe siècle.*

> Assis devant une table, tenant une lettre à la main, la tête légèrement tournée vers la droite. En habit de velours bleu, gilet de brocart, cheveux poudrés.
> Cadre en bois sculpté.
>
> Haut., 95 cent.; larg., 77 cent.

ECOLE FRANÇAISE (xviiie siècle)

110 — *Scène champêtre.*

> A droite, une jeune paysanne et un jeune paysan se livrent au plaisir de la danse ; à gauche, un joueur de cornemuse est assis sur un monticule et, au premier plan, une chevrière donne à boire à un enfant ; à ses côtés, une chèvre et un chien.
> Encadrement en bois sculpté et doré à rocailles formant trumeau.
>
> Haut., 44 cent.; larg., 1 m. 5 cent.

ÉCOLE FRANÇAISE (xviiᵉ siècle)

111 — *Bords de Rivière.*

> Au premier plan, deux chevriers gardent leurs bêtes, à droite, le long d'une route : un bouvier, son troupeau et une lavandière qui se suivent.
>
> Perspective claire et souriante formant trumeau, cadre en bois sculpté et doré à rocailles, époque Louis XV.
>
> Haut., 1 m. 50 cent.; larg., 1 m. 17 cent..

ÉCOLE FRANÇAISE (xviiᵉ siècle)

112 — *Le Moulin.*

> Dans un riant paysage avec cours d'eau, un galant fait la conduite à une jeune paysanne qui longe le ruisseau près du moulin.
>
> Teinte blonde ensoleillée avec cadre semblable au précédent.
>
> Haut., 1 m. 50 cent.; larg., 1 m. 17 cent.

ÉCOLE FRANÇAISE (xviiᵉ siècle)

113 — *Scène de galanterie champêtre.*

> Un jeune berger fait respirer un bouquet de fleurs à une jolie paysanne assise à ses côtés sur la lisière de la forêt. A gauche, une éclaircie et deux moutons qui broutent.
>
> Toile montée dans un trumeau avec glace, encadrement bois sculpté et doré, à rocailles et feuillages.
>
> Haut., 2 m. 30 cent.; larg., 97 cent.

ÉCOLE FRANÇAISE

114 — *Portrait de Marie-Elizabeth Foucault.*

> Dessin.

BAUDOIN (D'après)

115 — *Le Coucher de la Mariée.*

> Gravure de J.-M. Moreau le jeune, terminée par J.-B. Simonet.
>
> Cadre ancien en bois doré.

BAUDOIN (D'après)

116 — *Le Carquois épuisé.*

> Gravure.

BOILLY (D'après)

117 — *L'Amour couronné.*

118 — *L'Optique.*

> Deux grandes gravures en couleurs.

CALLOT (D'après)

119 — *Vue du Pont-Neuf* avec la Tour de Nesles et *Fête champêtre.*

> Deux gravures.

120 — Objets omis.

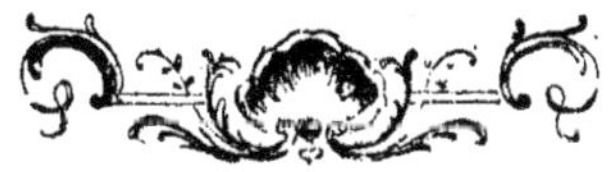

Heyd

9 782329 604626